CONEXIONES de la ESCUELA a la CASA
DE ROURKE
ANTES Y DURANTE LAS ACTIVIDADES DE LECTURA

Antes de la lectura: *Desarrollo del conocimiento del contexto y el vocabulario*

Construir el conocimiento del contexto puede ayudar a los niños a procesar la información nueva y a usar la que ya conocen. Antes de leer un libro, es importante utilizar lo que ya saben los niños acerca del tema. Esto los ayudará a desarrollar su vocabulario e incrementar su comprensión de la lectura.

Preguntas y actividades para desarrollar el conocimiento del contexto:

1. Ve la portada del libro y lee el título. ¿De qué crees que trata este libro?
2. ¿Qué sabes de este tema?
3. Hojea el libro y echa un vistazo a las páginas. Ve el índice, las fotografías, los pies de foto y las palabras en negritas. ¿Estas características del texto te dan información o ayudan a hacer predicciones acerca de lo que leerás en este libro?

Vocabulario: *El vocabulario es la clave para la comprensión de la lectura*

Use las siguientes instrucciones para iniciar una conversación acerca de cada palabra.

- Lee las palabras del vocabulario.
- ¿Qué te viene a la mente cuando ves cada palabra?
- ¿Qué crees que significa cada palabra?

Palabras del vocabulario:
- arácnidos
- arraigadas
- bigotes
- crustáceos
- depredadores
- deslizarse
- faringe
- hibernan
- lateral
- presas

Durante la lectura: *Leer para entender y conocer los significados*

Para lograr una comprensión profunda de un libro, se anima a los niños a que usen estrategias de lectura detallada. Durante la lectura, es importante hacer que los niños se detengan y establezcan conexiones. Esas conexiones darán como resultado un análisis y entendimiento más profundos de un libro.

 ### Lectura detallada de un texto

Durante la lectura, pida a los niños que se detengan y hablen acerca de lo siguiente:

- Partes que sean confusas.
- Palabras que no conozcan.
- Conexiones texto a texto, texto a ti mismo, texto al mundo.
- La idea principal de cada capítulo o encabezado.

Anime a los niños a usar las pistas del contexto para determinar el significado de las palabras que no conozcan. Estas estrategias los ayudarán a aprender a analizar el texto más minuciosamente mientras leen.

Cuando termine de leer este libro, vaya a la penúltima página para ver las **Preguntas relacionadas con el contenido** y una **Actividad de extensión**.

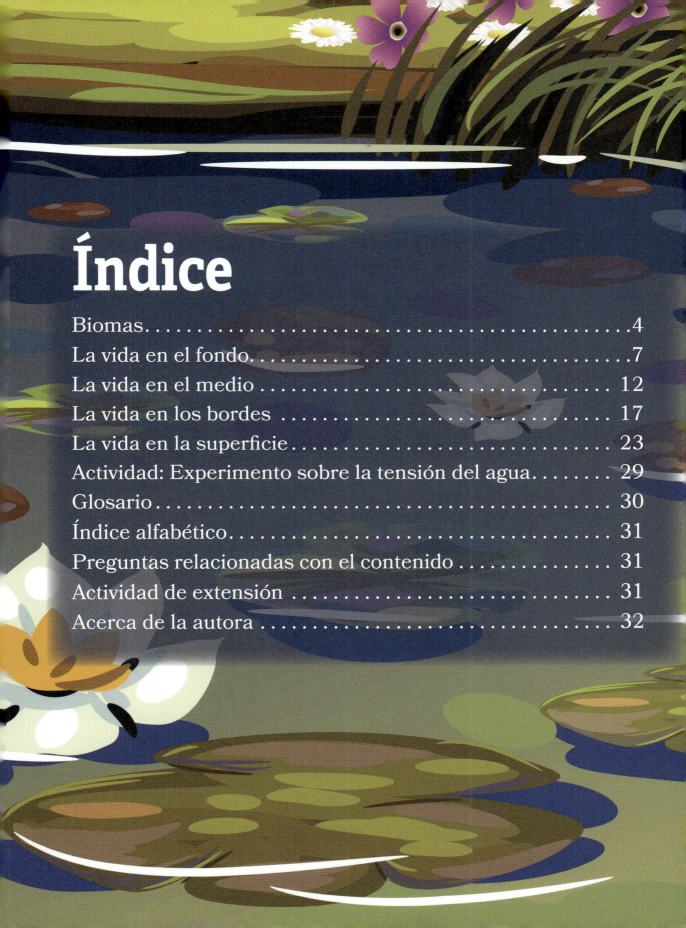

Índice

Biomas 4
La vida en el fondo 7
La vida en el medio 12
La vida en los bordes 17
La vida en la superficie 23
Actividad: Experimento sobre la tensión del agua 29
Glosario 30
Índice alfabético 31
Preguntas relacionadas con el contenido 31
Actividad de extensión 31
Acerca de la autora 32

Biomas

Un bioma es una gran región de la Tierra con seres vivos que se han adaptado a las condiciones de esa región.

Un bioma de estanque es una masa de agua dulce e inmóvil rodeada de tierra. Suele tener menos de siete pies (dos metros) de profundidad. La luz del Sol suele llegar al fondo, donde están **arraigadas** la mayoría de las plantas del estanque.

La temperatura en todo el estanque es más o menos la misma que la del aire. En las zonas frías, los estanques a veces se congelan.

Hay estanques en todo el mundo y en todo tipo de climas. Algunas plantas y animales pueden vivir en un bioma de estanque, pero no en otro debido al clima de su región.

La vida en el fondo

Muchos peces, **crustáceos** e insectos viven en el fondo fangoso del estanque. El fondo se llena más en los inviernos fríos, cuando los estanques se congelan. Las ranas y las tortugas **hibernan** en el barro durante la estación fría.

rana hibernando

¿Sabías que?

Los cangrejos de río, a veces llamados seboros, son un tipo de crustáceo. Se esconden bajo rocas y troncos en el fondo del estanque. Son cazadores nocturnos que comen caracoles, bichos, gusanos, renacuajos y plantas.

Los escorpiones de agua son insectos. A diferencia de los escorpiones verdaderos, no son **arácnidos**. Los escorpiones de agua caminan por el fondo del estanque y se esconden entre las hojas muertas. Sus patas delanteras se han adaptado para atrapar a otros bichos y pequeños peces.

El escorpión de agua tiene una cola larga y fina que sobresale del agua. La cola está formada por dos largos tubos que actúan como un esnórquel, por lo que el animal puede respirar bajo el agua.

Los bagres también viven en el fondo del mar. En los días calurosos, los bagres se refrescan en agujeros en el barro o debajo de troncos o rocas en el suelo del estanque. Son más activos por la noche, cuando cazan insectos, plantas, cangrejos de río, caracoles y algas para comer.

caracol

Sus **bigotes**, que se parecen a los de un gato, están hechos de piel. Contienen las papilas gustativas y el sentido del olfato propios de un pez. Ayudan a los bagres a localizar a sus **presas** en la oscuridad.

← *bigote*

La vida en el medio

Algunos anfibios, como las ranas, los sapos y los tritones, nacen en la parte media de los estanques. Esta zona también alberga muchos insectos. Allá viven chinches de agua gigantes, escarabajos de agua y tricópteros.

tritón

¿Sabías que?
El plancton, diminutas formas de vida vegetal y animal, fluye en medio del estanque. El plancton es una fuente de alimento para muchos animales del estanque.

tortuga del Pacífico

La tortuga del Pacífico anida en tierra, pero pasa la mayor parte del tiempo en el agua. El agua la protege de los **depredadores** terrestres, como los mapaches y los coyotes. Sin embargo, los depredadores acuáticos, como las aves, los peces y las ranas toro, siguen siendo un peligro. Se comen a las tortugas jóvenes que aún no han formado un caparazón duro. Las tortugas adultas pueden meter la cabeza y las patas dentro de su caparazón para obtener una protección adicional.

Muchos peces, como la perca, viven en la zona central de los estanques. Las percas jóvenes se alimentan de plancton, mientras que las adultas se alimentan de peces, ranas, insectos e incluso de pequeñas aves. Estos peces tienen un sexto sentido, llamado línea **lateral**, que capta las vibraciones del agua. Esto ayuda a la perca a localizar sus presas. La perca americana puede comer presas de hasta un cuarto de la longitud de su cuerpo.

¿Sabías que?

La perca americana suele ser el pez más grande del estanque, por lo que los depredadores no son un problema.

La mojarra oreja azul es una perca sol alta y plana. Su forma le permite zigzaguear por el estanque a gran velocidad. Los depredadores tienen dificultades para seguirla y atraparla.

fosas nasales

oreja azul

Unas diminutas células ciliadas en su oído interno y una línea lateral ayudan a la mojarra oreja azul a localizar a su presa. La mojarra oreja azul abre rápidamente su pequeña boca y expande su **faringe**, un espacio detrás de las fosas nasales y la boca. Aspira agua en este espacio con la presa atrapada en su interior.

La vida en los bordes

Algunos animales viven en los bordes de los estanques. Las serpientes de agua nadan en estas aguas poco profundas para cazar peces, ranas y sapos. Cuando hace calor, las serpientes suelen ir a la tierra. En los inviernos fríos, excavan en el fondo fangoso para mantenerse calientes.

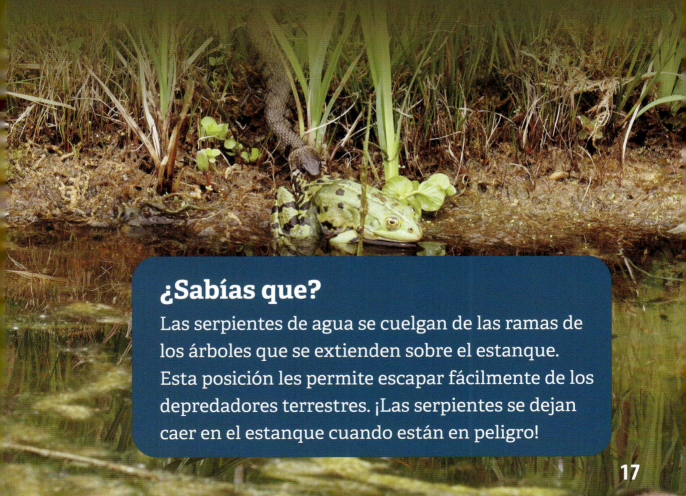

¿Sabías que?

Las serpientes de agua se cuelgan de las ramas de los árboles que se extienden sobre el estanque. Esta posición les permite escapar fácilmente de los depredadores terrestres. ¡Las serpientes se dejan caer en el estanque cuando están en peligro!

Las garzas azules son grandes aves zancudas con patas y cuellos largos. Los huesos del cuello, que tienen una forma especial, le permiten introducir su afilado pico en el agua con gran rapidez para capturar peces.

¿Sabías que?
Las almejas tienen una concha superior y otra inferior unidas por un extremo. Unos sensores especiales ayudan a este diminuto molusco a mantenerse en el agua.

castor

Los castores y las musarañas de agua son roedores que viven en estanques. Las patas traseras palmeadas del castor le permiten nadar mejor que caminar.

El castor construye su guarida en las orillas de los estanques. Corta árboles con sus dientes afilados. Con sus patas delanteras transporta barro y otros materiales de construcción. La madriguera solo tiene una entrada, que está sumergida en el agua, por debajo de la línea de congelación.

¿Sabías que?

En otoño, los castores almacenan troncos en el fondo fangoso del estanque. Cuando el estanque se congela, salen nadando de sus guaridas y bajan a la cafetería submarina para comer los troncos almacenados.

La musaraña de agua anida en un túnel o bajo un tronco cerca de un estanque. Los pelos rígidos de sus patas atrapan las burbujas de aire. Esto le permite caminar sobre el agua.

El pelaje de la musaraña de agua está recubierto de una capa de aire. Esta capa retrasa la pérdida de calor y hace que la musaraña flote en el agua. La musaraña de agua debe remar con fuerza con sus grandes patas traseras para sumergirse bajo la superficie.

La vida en la superficie

Aves e insectos nadan en la superficie del estanque. Los patos de bosque tienen un cuerpo redondo, algo que los hace flotar más alto que otros patos en el agua. Utilizan sus patas palmeadas para remar. Las garras de sus patas les permiten posarse en las ramas cuando están fuera del estanque.

Los patos de bosque jóvenes se alimentan de insectos y pequeños peces. Los adultos se alimentan de plantas. Comen en la superficie del estanque o sumergen la cabeza bajo el agua. A veces, los patos incluso se dan vuelta boca abajo para coger comida bajo el agua.

pata de bosque con patitos

¿Sabías que?

Los patos de bosque machos son conocidos por sus hermosos colores. Las hembras son de color café y gris. Cuando están en peligro, los patitos se esconden debajo de las alas de su madre. La coloración lisa de las hembras los ayuda a protegerse de los depredadores.

La focha americana se parece a un pato cuando está en el agua, pero a una gallina cuando está en tierra. Tiene pies grandes con dedos largos y aletas cubiertas de escamas.

Sus alas cortas y redondeadas le dificultan el vuelo. La focha se desplaza por la superficie del agua mientras levanta las alas con fuerza y rapidez para despegar. Una vez en el aire, puede volar fácilmente.

Entre los depredadores de la focha americana se encuentran el águila pescadora, el águila calva y las tortugas serpentinas. Escapar es difícil porque la focha necesita correr para despegar. En su lugar, la focha hace ruidos fuertes y salpica agua para ahuyentar al depredador.

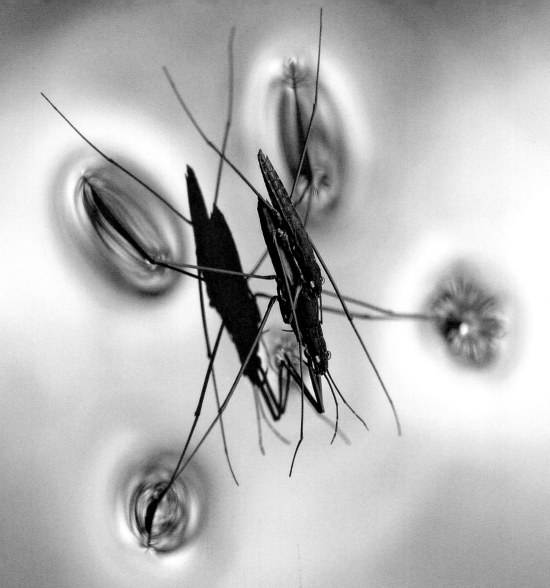

Los guérridos tienen pequeños pelos en sus seis patas que atrapan el aire para poder caminar o **deslizarse** por el agua. Sus cortas patas delanteras atrapan y sostienen a sus presas, como mosquitos y libélulas. Los guérridos viven aproximadamente un año en zonas cálidas. En zonas con inviernos fríos, mueren con la primera helada.

¿Sabías que?
El guérrido también es conocido como patinador de agua por la forma en que se desliza por la superficie del estanque.

Los estanques son lugares muy activos. Encontrados en todo el mundo, cada bioma de estanque de agua dulce es hogar de una variedad de seres vivos que se han adaptado a las condiciones de ese lugar en particular.

Actividad: Experimento sobre la tensión del agua

¿Te has preguntado cómo algunos insectos y animales se deslizan por el agua sin hundirse en ella? La respuesta es la tensión superficial. Se forma una barrera en la parte superior del agua cuando solo hay aire por encima, debido a la fuerza que une a las moléculas de agua. Prueba este experimento para saber más sobre el funcionamiento de la tensión superficial.

Qué necesitas

- cuatro tazones
- agua
- pimienta negra molida
- palillo de dientes
- jabón líquido
- grapa abierta y sin usar
- dos cuadrados de 2 pulgadas (5.08 centímetros) de papel de aluminio ligero

Instrucciones

1. Llena los tazones con agua.
2. Espolvorea la pimienta en la superficie del agua del primer tazón. ¿Qué ocurre?
3. Cubre el extremo del palillo con jabón líquido.
4. Toca suavemente la superficie del agua con el palillo. ¿Qué ocurre?
5. En el segundo recipiente, coloca suavemente la grapa sobre el agua. ¿Qué ocurre?
6. Repite los pasos 3 y 4. ¿Qué ocurre?
7. En el tercer recipiente, coloca suavemente un cuadrado de papel de aluminio sobre el agua. ¿Qué ocurre?
8. Aplasta el pedazo de papel de aluminio restante hasta formar una bola apretada. Colócalo sobre el agua en el cuarto recipiente. ¿Qué ocurre?

Piensa cómo el jabón rompió la tensión superficial del agua. ¿La pimienta y la grapa se hundieron o se alejaron de la ruptura? Piensa en que el papel de aluminio con bolas actuó de forma diferente al papel de aluminio plano. ¿Qué te dice eso sobre los animales que atraviesan el agua sin romper la tensión?

Glosario

arácnidos: Artrópodos sin columna vertebral, con ocho patas y sin antenas, como las arañas, los escorpiones y las garrapatas.

arraigadas: Que están fijadas por las raíces en un lugar determinado.

bigotes: En este caso, crecimientos delgados en la cabeza de algunos animales que albergan algunos de sus sentidos.

crustáceos: Animales acuáticos con un caparazón exterior, como las langostas o los cangrejos.

depredadores: Animales que cazan a otros para alimentarse.

deslizarse: Moverse suavemente con poco esfuerzo.

faringe: Espacio que conecta la nariz y la boca con el tubo que lleva al estómago.

hibernan: Que entran en un sueño profundo en el que el ritmo cardíaco y la respiración disminuyen, y la temperatura corporal baja.

lateral: Desde, por, sobre o hacia un lado.

presas: Animales que son cazados por otros para alimentarse.

Índice alfabético

castor(es): 19, 20

escorpión(ones) de agua: 8, 9

focha americana: 25, 26

garzas azules: 18

guérrido(s): 27

musaraña(s) de agua: 19, 21, 22

pata(os) de bosque: 23, 24

pez(ces): 7, 8, 11, 13, 14, 16, 17, 18, 24

serpientes de agua: 17

tortuga del Pacífico: 13

Preguntas relacionadas con el contenido

1. ¿Por qué puede flotar una musaraña de agua?
2. ¿Cómo respira un escorpión de agua debajo del agua?
3. ¿Cómo protege la forma del cuerpo de la mojarra oreja azul a los depredadores?
4. ¿Por qué es importante que la entrada a la madriguera de un castor esté debajo de la superficie del agua?
5. ¿Cómo afectan las alas cortas y redondeadas de la focha americana la seguridad del ave?

Actividad de extensión

Trabaja con tus amigos para elaborar un plan de protección de los estanques de tu comunidad. Escribe una carta a los líderes de la comunidad explicando por qué los estanques son importantes. Incluye el plan que elaboraste.

Acerca de la autora

Desde que tiene uso de razón, a Lisa Colozza Cocca le gusta leer y aprender cosas nuevas. Vive en Nueva Jersey, junto a la costa, y le encanta jugar con los dedos de los pies en la orilla de los estanques. Puedes aprender más sobre Lisa y su trabajo en www.lisacolozzacocca.com (página en inglés).

© 2023 Rourke Educational Media

All rights reserved. No part of this book may be reproduced or utilized in any form or by any means, electronic or mechanical including photocopying, recording, or by any information storage and retrieval system without permission in writing from the publisher.

www.rourkebooks.com

PHOTO CREDITS: Cover, page 1: ©VDV; ©davemhuntphotography; graphics: ©LEOcrafts; page 4: ©ollo; page 5: ©Rike_; page 6 (a): ©sankai; page 6 (b): ©DenisTangneyJr; page 6 (c): ©efesenko; page 6 (d): ©Lisa Bonitt; page 7: ©marefoto; pages 8-9: ©ElSnow; pages 10-1: ©abadonian; page 10: ©lauriek; page 12: ©scacciamosche; page 13: ©Sekar Balasubramanian; page 14: ©Joe Potato; page 15: ©Grant 77; page 16: ©Willard; page 18: ©Clark42; page 19: ©sebastien lemyre; page 20 (a): ©szymonbartosz.pl; page 20 (b): ©OGphoto; page 20 (c): ©Stanley45; page 21: ©MikeLane45; page 22: ©Rudmer Awerver; page 23: ©pchoui; page 24 (a): ©Lynn_Bystrom; page 24 (b): ©jmci; page 25: ©BrianLasenby; page 26: ©Jackal Photography; page 24: ©MarkMirror; page 28: ©IPGGutenbergUKLtd; pages 28-32: ©PhotoboyKO

Editado por: Laura Malay
Diseño de la tapa: Kathy Walsh
Diseño interior: Rhea Magaro-Wallace
Traducción: Santiago Ochoa

Library of Congress PCN Data

Animales de estanques de agua dulce / Lisa Colozza Cocca
(Fauna del bioma)
  ISBN 978-1-73165-464-9 (hard cover)
  ISBN 978-1-73165-515-8 (soft cover)
  ISBN 978-1-73165-548-6 (e-book)
  ISBN 978-1-73165-581-3 (e-pub)
Library of Congress Control Number: 2022940975

Rourke Educational Media
Printed in the United States of America
01-0372311937